El Tiempo Se Esta Acabando

Pearl Nsiah-Kumi

El tiempo Se está Acabando

Derechos Reservados 2014 por Pearl Nsiah- Kumi

Todos los derechos reservados...

Se puede ordenar copias en

www.author-Pearl-nsiah-kumi.blogspot.com

ISBN-13: 978-1945117008

Biblioteca del Congreso número de Control: 2016930077

Impreso en los Estados Unidos

Las Escrituras tomadas de la Santa Biblia,

Nueva Versión Internacional.

Translated by: Jose Roberto Oliva, M.A. in Biblical Studies with emphasis in Theology. Pastor with the Christian and Missionary Alliance. Currently planting a church in Frederick, Maryland.

Edited by: David Oliva, MS, M.S. in Computer Science.

Contenido

Dedicatoria 7
Palabras de Apoyo para El Tiempo se Está Acabando 8
Introducción 9
SECCION UNO: VENIR A SER UN HIJO DE DIOS 10
CAPITULO UNO
FUE UN DÍA MUY TRISTE 11
CAPITULO 2
ERES UN PECADOR TU AMO 20
CAPITULO 3
Prisión Portátil.. 25
CAPÍTULO 4
Registro de la Salud Espiritual del Hombre 30
CAPITULO 5
Te Recuerdas Cuándo? 34
CAPITULO 6
La Salvación Explicada Sistemáticamente 39
CAPITULO 7
El Puente Hacia la Seguridad Que Podrías Perder? 46
CAPITULO 8
Inténtalo 50
CAPITULO 9
Haz Tu Reservación Ahora! 54
CAPITULO 10

Reservación sin Fecha de Salida...59

Sin Jesús, No hay Dios Conoce a Jesús, Conoce a Dios 63

CAPITULO 11

Te Guste o No..67

CAPITULO 12

La Verdad que Libera 71

CAPITULO 13

Las Excusas que la Gente Da 75

QUIEN TIENE MAS CREDIBILIDAD 79

CAPITULO 14

Por Favor Confirma 83

QUIENES SON LOS HIJOS DE DIOS..87

DESPUES DE TODO, ESTABAN CORRECTOS.............................91

NO TOMES TU EXISTENCIA POR SENTADA 95

CAPITULO 15

Cuantos Hijos Quiere Dios?...99

ERES ATEO? 103

SECCION DOS—BEINVENIDO A LA FAMILIA DE DIOS...............106

CAPITULO 16

Dependencia de Dios 110

CAPITULO 17

No te Conformes con el Estatus Quo 114

CAPITULO 18

El Derecho al Árbol de la Vida 118

SOBRE LA AUTORA 120

RECONOCIMIENTOS 123

(Contraportada) EL TIEMPO SE ESTÁ ACABANDO 124

Acerca de la Autora 125

Dedicatoria

Dedicado a Grace E. Burkett, mi nieta. "Dejen que los niños vengan a mí, y no se lo impidan, porque el reino de los cielos es de quienes son como ellos." (Mateo 19:14).

A Florence Yeboah, quien me guio a tener fe en Jesús. "El que gana almas es sabio." (Proverbios 11:30b).

"Que el Señor te recompense por lo que has hecho. Que seas ricamente recompensada por el Señor" (Rut 2:12a).

Palabras de Apoyo para El Tiempo se Está Acabando

Has llegado a un lugar en tu vida espiritual en el que tienes la seguridad de tener el regalo de la vida eterna? Has estado dilatando tomar acción en cuanto a tu condición espiritual? Has estado demasiado distraído con la vida para pensar mucho en Dios? Tienes excusas para seguir demorando? El Tiempo se Está Acabando es para gente como tú! Pearl Kumi hace una serie de preguntas punzantes y después provee respuestas creativas y pertinentes de 1-2 páginas para que la gente ocupada pueda leer. No lamentaras haber permitido que Pearl Kumi te ayude a reflexionar sobre tu destino eterno y como prepararte para el mismo. Por favor elige leer éste libro comenzando hoy, porque el tiempo se está acabando.

Dr. George Harton
Presidente Retirado
Del Antiguo
Washington Bible College
Lanham, Maryland

Introducción

El Tiempo se Está Acabando

Nada en ésta vida es para siempre.

Todo tiene su final más tarde o más temprano. Esto se aplica también a la vida misma; llega a su final lo queramos o no. Antes que la vida termine, existen cosas que a mucha gente le gustaría haber logrado. Tienes algunos deseos? Que tan lejos o cerca estas de lograrlos? Sabes, el tiempo podría estar acabándose?

Con esto en mente, también hay tiempo involucrado cuando se trata de la decisión de donde desea uno pasar la eternidad. Solo desearlo no es suficiente. Así que, por ejemplo si deseas pasar la eternidad en el cielo tienes que saber qué hacer para lograrlo, y luego hacerlo. Tienes un tiempo limitado para tomar esa decisión. El tiempo se está acabando porque esa decisión la tienes que tomar durante tu vida, y con cada día que pasa tienes menos tiempo de vida. En vista de que no tienes idea de cuánto más vas a vivir, se puede suponer que podría ser cualquier día. Si murieras hoy, donde pasarías la eternidad? La eternidad ofrece dos localidades distintas: el Cielo o el infierno. Decide hoy, porque el tiempo se está acabando!

El resto del libro va a explicar más ésta verdad, basando todo en la Biblia, que es la Palabra de Dios. Por favor lee con una mente abierta, y permítele al Espíritu Santo de Dios que hable a tu corazón, antes que sea demasiado tarde.

SECCION UNO: VENIR A SER UN HIJO DE DIOS

CAPITULO UNO
FUE UN DÍA MUY TRISTE

Verdaderamente fue un día triste, talvez el día más triste en la historia del hombre, cuando el hombre le dijo a Dios, "Escuche que andabas por el jardín, y tuve miedo porque estoy desnudo. Por eso me escondí." (Gen 3:10).

El hombre siempre había estado desnudo, pero había disfrutado la comunión con Dios en el jardín en su estado desnudo. Así que por qué se dio cuenta de que estaba desnudo?

Por qué era su desnudez una preocupación así de repente? Después de todo ya se había hecho un traje bonito de hojas de higuera. Todo ese trabajo de sastrería y toda esa moda, y aun se sentía desnudo.

Si la desnudes hubiera sido verdaderamente su preocupación, el habría salido de su escondite después que se hizo su hermoso vestido de hojas de higuera. Obviamente, el traje no había sido lo que él esperaba: no cubrió su desnudez.

Por qué el hombre todavía se sentía desnudo, aun con ropa de hojas de higuera?

Él estaba desnudo porque había desobedecido a Dios: el había pecado. El pecado puede hacer que te sientas desnudo tengas ropa puesta o no, porque expone la condición de tu corazón. "Ninguna cosa creada escapa a la vista de Dios. Todo está al descubierto, expuesto a los ojos de aquel a quien hemos de rendir cuentas." (Hebreos 4:13).

Ese día el hombre murió espiritualmente, porque la paga del pecado es muerte (Romanos 3:23); el perdió la comunión con Dios. El pecado de ese día en el jardín, incluyendo sus consecuencias, se le pasó a toda la raza humana, así que después de eso, todos hemos sido declarados culpables.

Afortunadamente, tan malo y sin esperanza como suena, no todo está perdido. Dios ha hecho una manera para que escapemos. Podemos sobreponernos a nuestro estado pecaminoso y tener una comunión restablecida con El.

El mando a su hijo Jesús a pagar el castigo de nuestro pecado. La Escritura dice, "Porque tanto amó Dios al mundo, que dio a su Hijo unigénito, para que todo aquel que cree en él no se pierda, sino que tenga vida eterna." (Juan 3:16). El murió una muerte cruel y dolorosa, para que nosotros no tengamos que hacerlo. Cristo nuestro substituto también se hizo nuestro abogado; Él le habla al Padre en representación nuestra (1 Juan 2:1b). Así que, si confesamos nuestros pecados a Dios, y pedimos perdón, Él nos perdonará y nos limpiará de toda maldad (1 Juan 1:9), y nos impartirá la justicia de Su Hijo, Jesús.

Para mantener nuestra recién-hallada vida, necesitamos mantenernos en comunión con el Padre a través del Hijo. Nos mantenemos en relación con El leyendo Su Palabra, permitiéndole a Su Espíritu que nos enseñe, y por medio de la oración. Él nos manda a que anhelemos la leche espiritual pura (Su Palabra) como lo haría un bebe recién nacido, para que podamos crecer en nuestra salvación (1 Pedro 2:2). Nuestro crecimiento en la fe se mejora Por medio de la comunión con otros creyentes, y ésta es la razón por la que Dios nos manda a no dejar de congregarnos con otros creyentes (Hebreos 10:25).

Que Dios nos ayude a enamorarnos de El cada día de nuestra vida, y que podamos estar agradecidos por ésta gran salvación sin la cual estaríamos perdidos eternamente. Ahora Su sangre preciosa cubre nuestros pecados, y somos revestidos de Su Justicia.

Si aún no has puesto tu fe en El, por favor deja cualquier cosa que estés haciendo, y clama a Él ahora. El tiempo se está acabando!

El Tiempo Se Esta Acabando

Diario de sus pensamientos

_____

_____

_____

_____

_____

_____

_____

_____

_____

_____

_____

_____

Pearl Nsiah-Kumi

CAPITULO 2
ERES UN PECADOR

La Biblia es la Palabra de Dios, así que lo que dice debe ser tomado seriamente. Entre los muchos temas que la Biblia cubre está el hecho de que eres un pecador (Romanos 3:23) No puedes estar en desacuerdo o discutir al respecto. Puedes estar tan en desacuerdo como quieras, pero no te servirá de nada; no cambiará tu condición de pecador. El siguiente poema explica como llegaste a ser un pecador.

ANTES QUE PUDIERA DECIR "MAMA"

Por los hechos de un hombre, (Adán) vine a ser pecador: Aun antes que pudiera decir "Mamá" aun antes de nacer.

La sentencia por su pecado fue muerte: separación eterna de Dios.

Así que morí aun antes de saber que era el pecado, aun antes de nacer.

Por los hechos de Dios, se hizo para mí una manera de escapar, Antes de poder deletrear "PECADO," aun antes de nacer.

Así se hizo disponible la redención para mí, antes que personalmente cometiera cualquier pecado, aun antes de nacer.

Ahora que puedo decir más que "Mama," Ahora que puedo entender el veredicto y sentencia, He aceptado la manera de escape de la muerte.

Ese veredicto de culpable ya no cuelga sobre mí; Ya no tiene efecto sobre mí.

La manera de escapar es por medio de Jesús, el Hijo de Dios.

Yo tengo fe en El por el sacrificio que El hizo, antes que pudiera decir "Mamá," aun antes de nacer.

Ahora soy tan libre como si nunca hubiera pecado!

Ahora soy libre para vivir para Dios, no para mí mismo, y no para el pecado!

Que de ti? El tiempo se está acabando.

El Tiempo Se Esta Acabando

Diario de sus pensamientos

_____

_____

_____

_____

_____

_____

_____

_____

_____

_____

_____

_____

_____

TU AMO

Tú tienes un amo; Un amo que tú haz escogido.

Probablemente no se te ha ocurrido que eres esclavo de tu amo.

Lo más seguro es que no conoces a tu amo por su nombre o identidad, Pero baste decir que lo obedeces.

Puedes ver entonces, tienes un amo, tu amo es quien quiera a quien obedeces.

El controla tu vida, te dice que hacer, cuando y como.

Sin embargo te hace creer que estás en control.

Tú te dices a ti mismo, "a mí nadie me dice que hacer."

La verdad es que alguien te dice que hacer, es porque tienes un amo.

Él te ordena que seas malo y luego te hace sentir culpable.

Pero porque piensas que "nadie te dice que hacer," Te culpas a ti mismo y a otros por lo que sale mal.

Tienes un amo astuto.

Yo conozco a tu amo.

Él era mi amo también; de hecho, él es amo de todos los que son enemigos de Dios.

Permíteme contarte de él.

Él es orgulloso, es un engañador, es destructor; mentiroso, ladrón, e inventor de toda clase de males.

Probablemente empiezas a tener una idea; él es el diablo.

Si, tienes un amo y es el diablo, el enemigo de tu alma, Yo ahora tengo un amo diferente: JESUCRISTO.

Él controla mi vida a través de Su Palabra, la Biblia.

Él me controla a través de Su Espíritu en mi Las instrucciones que El me da son buenas y seguras.

Él no me impone su voluntad.

Él me deja saber cuan mejores cosas hay para mí cuando Él está en control.

Tengo un amo asombroso!

Mi amo es amable y compasivo.

Él no se deleita en mi destrucción.

Para probarlo, Él dio su vida por mi.

Él me guía por caminos de justicia.

Él intercede por mí y me presenta delante de Su Padre sin falta.

Tú crees que odias al diablo y que no existe la posibilidad que él sea tu amo.

Bueno, si mi amo no es tu amo, entonces de seguro que el diablo es tu amo, porque es el uno o el otro.

Si no soportas pensar que el diablo sea tu amo, Entonces recibe mi consejo.

Haz lo que yo hice; cree en el nombre del Señor Jesucristo.

Ora y pídele perdón.

Él te perdonará y se hará cargo de tu vida.

Esta es tu OPORTUNIDAD: escoge un amo nuevo! El tiempo se está acabando.

Pearl Nsiah-Kumi

Diario de sus pensamientos

_____
_____
_____
_____
_____
_____
_____
_____
_____
_____
_____
_____
_____
_____
_____

El Tiempo Se Esta Acabando

CAPITULO 3
Prisión Portátil

Sabías que existen prisiones personales portátiles que la gente carga consigo donde quiera que van? Llevan su prisión al trabajo, cuando van de compras, cuando van a la cama, y a cualquiera otro lugar donde van. Tú menciona el lugar, y allí llevan sus prisiones con ellos. Lo más triste es que no saben que están en la prisión, mucho menos que es una situación que les ocurre siete días a la semana, veinticuatro horas al día.

Es muy posible que tú seas una de esas personas. Podrías estar preguntándote varias cosas: Estoy realmente en prisión? Quien me puso aquí? Por qué? Desde cuándo? Como puedo salir? Todas estas preguntas son razonables, y podemos obtener algunas respuestas de la Biblia.

ESTAS EN PRISION? – Si, estas en prisión! Tú lo sientes, pero no ves una estructura física a tu alrededor. Honestamente, no te preguntas algunas veces por que no tienes paz cuando todo lo demás parece estar bien? Es tu alma que está en prisión y quiere ser liberada, pero no sabe cómo. Isaías 42:7 y 61:1 confirman que la gente está en prisión, están en cautividad, y Jesús lo puso de esta manera, "Ciertamente les aseguro que todo aquel que peca es esclavo del pecado" (Juan 8:34).

QUIEN TE APRESO? El apóstol Pablo le advirtió al predicador joven Timoteo que instruyera a los no-creyentes con la esperanza de que "despierten y escapen de la trampa en que el diablo los tiene cautivos, sumisos a su voluntad" (2 Timoteo 2:26). Entonces es el diablo quien te apresó.

POR QUE ESTAS EN PRISION? –Tú eres esclavo del pecado, y al diablo le gusta que sea de esta manera, para poder obligarte a hacer su voluntad. El diablo quería que Adán y Eva desobedecieran a Dios; él les mintió y logró que hicieran su voluntad. Él le sigue mintiendo a la gente, y saliéndose con la suya (por lo menos por ahora). La gente todavía está desobedeciendo a Dios, porque el diablo tuerce la verdad, haciendo que una mentira les sea agradable. Aun cuando están en prisión, él les hace sentir que tienen la libertad para hacer lo que quieran. La verdad es que no tienen libertad, el solo les da una opción, que es hacer el mal, así que eso es lo único que pueden escoger. Por el otro lado, Dios pone Sus opciones sobre la mesa junto con las consecuencias de cada opción. Este método le permite a la gente saber de antemano las consecuencias de las opciones que tomen.

APRESADO DESDE CUANDO? Viniste a ser prisionero desde cuando tus ancestros desobedecieron a Dios en el jardín oyendo al diablo y sus mentiras. Desde entonces el pecado ha pasado a todos los hombres. "Por medio de un solo hombre el pecado entró en el mundo, y por medio del pecado entró la muerte; fue así como la muerte pasó a toda la humanidad" (Romanos 5:12).

CUANTO DURA TU PERIODO DE ENCARCELAMIENTO? Vas a estar en prisión hasta que descubras la verdad que libera a la persona. Este es el motivo de este libro; mostrarte el camino a la libertad. Un sin número de hombres y mujeres han encontrado la salida haciendo lo que estoy por decirte. [Permite que el Hijo te haga libre y serás verdaderamente libre" (Juan 8:36).

EL CAMINO A LA LIBERTAD Dios envió a su Hijo a morir en tu lugar. Jesús dijo, "El Espíritu del Señor está sobre mí, por cuanto me ha ungido para anunciar buenas nuevas a los pobres. Me ha enviado a proclamar libertad a los cautivos" (Lucas 4:18 a). El salmista sabía lo que significaba ser libre y éste es su testimonio: "El Señor pone en libertad a los cautivos" (Salmo 146:7 b). Solo Jesús puede liberarte, y esto es lo que necesitas hacer, "cree en el Señor Jesús, y serás salvo" (Hechos 16:31 a). Confiésale tus pecados y pídele Su perdón, pídele que sea tu Señor y Salvador. Es de esta manera en la que escapas del campamento del diablo, y hasta que des este paso continuaras siendo su prisionero. Así que no demores más; hoy es tu día de salvación; el tiempo se está acabando.

El Tiempo Se Esta Acabando

Diario de sus pensamientos

_____

_____

_____

_____

_____

_____

_____

_____

_____

_____

_____

_____

_____

Pearl Nsiah-Kumi

CAPÍTULO 4
Registro de la Salud Espiritual del Hombre

La Condición del hombre (Pecado)

- Desorden
- Odio
- Incredulidad
- Egoísmo
- Orgullo, arrogancia

El diagnostico que Dios da—El hombre es un pecador

"Nada hay tan engañoso como el corazón. No tiene remedio. Quien puede comprenderlo?" (Jeremías 17:9).

"No hay en la tierra nadie tan justo que haga el bien y nunca peque" (Eclesiastés 7:20)

"Pues todos han pecado y están privados de la gloria de Dios" (Romanos 3:23).

"Desde el cielo el Señor contempla a los mortales, para ver si hay alguien que sea sensato y busque a Dios. Pero todos se han descarriado, a una se han corrompido. No hay nadie que haga lo bueno; ¡no hay uno solo!" (Salmo 14:2-3).

Pronostico de la condición pecaminosa del hombre—Sin Cristo, Fatal

"En la ausencia de la intervención de Dios, La paga del pecado es muerte" (Romanos 6:23, Juan 3:18b).

La única cura disponible—(Fe en el Nombre de Jesús)

"Porque tanto amó Dios al mundo, que dio a su Hijo unigénito, para que todo el que cree en él no se pierda, sino que tenga vida eterna" (Juan 3:16).

"El que cree en él no es condenado" (Juan 3:18a).

"Que abandone el malvado su camino, y el perverso sus pensamientos. Que se vuelva el Señor, a nuestro Dios que es generoso para perdonar, y de él recibirá misericordia" (Isaías 55:7).

Estado Posterior al Tratamiento—(Perdón y Vida Eterna)

Perdonado—"Les escribo a ustedes, queridos hijos, porque sus pecados han sido perdonados por el nombre de Cristo" (1 Juan 2:12).

Provisión para pecados futuros—"Pero si alguno peca, tenemos ante el Padre a un intercesor, a Jesucristo el Justo" (1 Juan 2:1b).

Vida Eterna—"Les escribo estas cosas a ustedes que creen en el nombre del Hijo de Dios, para que sepan que tienen vida eterna" (1 Juan 5:13).

El Tiempo Se Esta Acabando

Diario de sus pensamientos

_____

_____

_____

_____

_____

_____

_____

_____

_____

_____

_____

_____

_____

Pearl Nsiah-Kumi

CAPITULO 5
Te Recuerdas Cuándo?

La gente normalmente puede recordar circunstancias especificas que significaron algo especial para ellos, aun cuando no puedan recordar las fechas exactas.

Pueden hablar sobre esos días vívidamente y de una manera significativa. Estas son fechas como cuando obtuvieron su primera licencia de conducir, cuando tuvieron un accidente, cuando vieron una película particular, cuando pasaron una tormenta de nieve muy fuerte, o cuando fueron testigos de algo terrible o bello. Pueden recordarlos debido al impacto que estos incidentes tuvieron en ellos.

Existe un evento muy especial que todos los que lo experimentan lo recuerdan vívidamente. Es el día en que uno creyó en el nombre de Jesús y oró para ser adoptado en la familia de Dios. Es un evento que nunca puede ser olvidado, porque es el día en que uno se muda del reino de las tinieblas al reino de la luz. Es el día en que uno decide ya no vivir para servirse a uno mismo y a diablo, sino servir a Dios. Ese evento tiene sinónimos tales como nacer de nuevo, renacer, redención, salvación, y ser salvo. No importa de que manera se le haga referencia, es una experiencia que uno recuerda por largo tiempo, aun si no puede recordar la fecha exacta.

Así que, recuerdas tu un día como ese en tu vida? Alguna vez le has pedido a Jesús que perdone tus pecados y venga a tu corazón? Si lo has hecho tú lo sabes, aun si no recuerdas cuando. Si no lo has hecho, todavía no es demasiado tarde; puedes hacerlo ahora. Por favor no pospongas tomar esta decisión, porque la vida es tan impredecible; en cierto punto será demasiado tarde. Nadie sabe lo que traerá el mañana; podrías no estar en la condición de tomar esta decisión luego, y nadie más la puede tomar por ti. El mejor momento es ahora mismo! Pídele a Dios el perdón de tus pecados a través del trabajo terminado de Jesucristo.

La Biblia dice que todos hemos pecado, y nuestros pecados nos han separado de Dios. En vista de que ninguno de nosotros puede pagar por nuestros pecados, Dios envió a su propio Hijo en la carne a morir en lugar nuestro (Juan 3:16). Así que la razón por la cual Jesús soportó tal dolor, hostilidad, angustia, y muerte es para que pueda ser quien lleva nuestro pecado, y restaurar nuestra relación con Dios el Padre. Jesús ya pagó el castigo por tus pecados; solo necesitas aceptar que Él lo hizo.

Cuando tu tomas esta decisión, Dios perdonará tus pecados, y nunca te los echara en cara de nuevo, no importa que tan horribles. Él confirma esto al decir "Tan lejos de nosotros echó nuestras transgresiones como lejos del Oriente está el Occidente" (Salmo 103:12). Él habitará dentro de ti a través de Su Espíritu para darte la certeza de Su amor y perdón.

El Espíritu Santo será el deposito que garantiza lo que te espera en el futuro: vida eterna en el cielo (2

Corintios 5:5). Él te instruirá en tu diario vivir por medio de lo que lees en la Biblia. Esto es solo el principio de una vida nueva en Cristo. Es aquí donde comienza. No esperes otro segundo; así es de urgente! Dios te ama y no existe una manera mejor de expresarte su amor que lo que ya ha hecho: permitir que Su Hijo muriera en tu lugar. No hay otra manera en la que tú puedas experimentar Su amor excepto a través de Jesús, porque él dice, "Yo soy el camino, la verdad y la vida. Nadie llega al Padre sino por mi" (Juan 14:6). Toma tu decisión y nunca te arrepentirás; siempre la recordarás y siempre estarás agradecido por la paz que conlleva.

Si no recuerdas haber tomado la decisión de poner tu fe en Jesucristo alguna vez, lo más probable es que no lo has hecho. Por favor hazlo ahora. El tiempo se está acabando.

Diario de sus pensamientos

_____

_____

_____

_____

_____

_____

_____

_____

_____

_____

_____

_____

_____

_____

_____

_____

El Tiempo Se Esta Acabando

CAPITULO 6
La Salvación Explicada Sistemáticamente

Jesús dijo a los judíos, "El que es de Dios escucha lo que Dios dice" (Juan 8:47a). La pregunta es entonces, que es lo que dice Dios?

La respuesta es muy clara: en relación con Jesús, durante Su bautismo, Dios dijo, "Tu eres mi Hijo amado; estoy muy complacido contigo" (Lucas 3:22b), y de nuevo en la transfiguración Dios declaró, "Este es mi Hijo amado; estoy muy complacido con él. ¡Escúchenlo! (Mateo 17:5 b).

Así que, que es lo que el Hijo dice que debe ser oído?

"Por eso les he dicho que morirán en sus pecados, pues si no creen que yo soy quien afirmo ser" (Juan 8.24a).

Quien dice él que es?

Él dice, "Yo soy el camino, la verdad y la vida—le contestó Jesús—Nadie llega al Padre sino por mi" (Juan 14:6).

Entonces esta es la respuesta para los que dicen que creen en Dios, pero no en Jesús.

Jesús es el Hijo de Dios; Él es el único camino hacia Dios, y por lo tanto, para ser salvo, uno tiene que creer en Jesús. Amén! No discutas acerca de los hechos o pospongas tomar esta decisión. Esta es tu oportunidad de salvación. El tiempo se está acabando.

El Tiempo Se Esta Acabando

Diario de sus pensamientos

_____

_____

_____

_____

_____

_____

_____

_____

_____

_____

_____

CAPITULO 7
El Puente Hacia la Seguridad

Imagínate caminando por el bosque y llegas a un rio. El lado del rio en el que estas es inseguro y necesitas pasar al otro lado rápidamente. Desafortunadamente, el rio es muy profundo para vadearlo, y no hay una canoa o un barco que te cruce. Entonces lo ves! Corriente arriba hay un puente sobre las dos orillas del rio, que te permite pasar al otro lado con seguridad.

La analogía previa puede ser muy posible en nuestro mundo físico/natural. Pero también se usa para ilustrar la restauración de la relación entre el hombre y Dios, su Creador. La Biblia deja muy claro que el hombre perdió su relación con Dios por el pecado. El pecado creo una brecha entre Dios y el hombre; el hombre necesita desesperadamente volver a Dios. Dios en Su amor y misericordia envió a Su Hijo Jesucristo que viniera a ser el puente que el hombre necesita para llevarlo a Dios.

Querido lector, sabías que Dios te ama? Él te conocía cuando aún estabas en el vientre de tu madre, y te llamó para que fueras suyo. Pero, también entiendes que eres pecador? Dios conoce cada pecado que has cometido y vas a cometer. Su naturaleza santa y justa demanda que Él te castigue, pero te ama tanto que envió a Cristo a la cruz en tu lugar. La Biblia dice que Él quiere que todos los hombres se salven y vengan al conocimiento de la verdad (1 Timoteo 2:4). Jesús es el único camino para regresar a Dios; la Biblia dice que Él es el único mediador entre Dios y los hombres (1 Timoteo 2:5), y que "no hay bajo el cielo otro nombre dado a los hombres mediante el cual podamos ser salvos" (Hechos 4:12).

Si crees en el nombre del Señor Jesús, la Biblia dice que serás salvo. "Si confiesas con tu boca que Jesús es el Señor, y crees en tu corazón que Dios lo levantó de entre los muertos, serás salvo" (Romanos 10:9). No demores, no lo aplaces; este asunto es urgente! Toma esta decisión ahora, y deja que la paz que viene de conocer la verdad gobierne tu corazón. El tiempo se está acabando!

Esta es la seguridad que tienes cuando crees en Jesús, "Les escribo estas cosas a ustedes que creen en el nombre del Hijo de Dios, para que sepan que tienen vida eterna" (1 Juan 5:13). El Apóstol Pablo lo explica de esta manera, "Por lo tanto ya no hay ninguna condenación para los que están unidos a Cristo" (Romanos 8:1).

El puente es fuerte y firme; nunca se derrumbará. Jesús te mantendrá a salvo en esta vida y en la vida por venir. Nadie puede arrebatarte de sus manos (Juan 10:28 b); Él dice que todo el poder en el cielo y en la tierra le ha sido dado (Mateo 28:18), y esto es la verdad!

El Tiempo Se Esta Acabando

Diario de sus pensamientos

_____

_____

_____

_____

_____

_____

_____

_____

_____

_____

_____

_____

_____

_____

Que Podrías Perder?

Veo que estás en desacuerdo con la declaración de Cristo que solo hay un camino al cielo.

Tienes derecho a hacer eso.

Cuál es la razón para tu desacuerdo?

Has investigado esto personalmente?

Está tu desacuerdo basado en rumores?

Tú dices, "no es posible que todos estén equivocados" y "Dios es demasiado amable para mandar a la gente al infierno."

También tienes derecho de decir eso.

Has pensado mucho sobre este tema?

Considera por un momento, como una hipótesis, que harías, cuando al final de tu vida descubrieras que Cristo era el único camino al cielo?

Entonces será demasiado tarde, no lo crees?

No crees que esta manera de pensar es riesgosa?

Por qué dejarías tu futuro eterno al azar?

No te das cuenta del error que estás cometiendo?

Supón, por un segundo, que estás en lo correcto, Y Cristo no es el único camino. Que habrás perdido Por creer en Él? Absolutamente nada!

Por otro lado, podrías ganarlo todo.

Habrías vivido una vida decente, Habrías tenido paz mental.

Reconsidera tu posición Pon tu confianza en Jesús, y ten la seguridad del perdón de tus pecados y de un lugar en el cielo. El tiempo se está acabando.

El Tiempo Se Esta Acabando

Diario de sus pensamientos

_____

_____

_____

_____

_____

_____

_____

_____

_____

_____

_____

_____

CAPITULO 8
Inténtalo

Tu no crees que Jesús es el Hijo de Dios. Estás en tu derecho.

Y seguramente no crees que Él sea Dios, o el único camino a Dios.

También tienes ese derecho.

Él entiende tus dudas.

Él está deseoso de ayudarte a entender la verdad a través de la experiencia personal.

Él te dice, "Si cualquier hombre hace Su voluntad (la de Dios), El conocerá la doctrina, Si es de Dios, o si hablo de mí mismo."

Así que este es el reto para ti: Pídele a Jesús que venga a tu vida y limpie tu corazón de pecado.

Hazlo sinceramente y ve lo que pasa.

Si no experimentas perdón, paz, y gozo, Y la certeza de la vida eterna con Dios, ahora y en el futuro, estás en libertad de darle la espalda a Cristo.

Pero si experimentas su paz, Te preguntaras por que esperaste tanto?

Las experiencias personales son confiables. Estas no cambian, Y no dejan lugar a dudas.

Se les pueden contar a otros con convicción y entusiasmo.

Así que obtén tu experiencia propia con Dios.

Permítele que transforme tu vida desde adentro hacia afuera.

Acepta Su reto.

Compruébalo por ti mismo.

Dios está esperando, pero no indefinidamente; el tiempo se está acabando.

El Tiempo Se Esta Acabando

Diario de sus pensamientos

_____

_____

_____

_____

_____

_____

_____

_____

_____

_____

_____

_____

_____

CAPITULO 9
Haz Tu Reservación Ahora!

Si fueras a salir de la ciudad en viaje de negocios o de placer, no harías una reservación en un hotel con anticipación?

No te asegurarías de tener un lugar seguro, limpio donde bañarte, donde comer, y donde dormir cuando llegues?

Yo estoy segura que lo harías.

Si fueras a salir de viaje de negocios o placer, harías la suposición de que tu familia, tus amigos, o aun hoteles o moteles en tu destino estarían disponibles para recibirte?

No creo que lo harías.

Si fueras a salir de viaje de negocios o placer estoy segura que harías los arreglos necesarios con anticipación, para que sin importar a qué hora llegues, tu lugar para dormir, no sea un problema.

Los hoteles y moteles podrían estar llenos; los familiares podrían estar de viaje.

Yo estoy casi segura que planearías con anticipación.

Este escenario es paralelo a asuntos espirituales excepto en un par de puntos.

La partida de este mundo es segura, pero el día no. El día y la hora no pueden planearse con anticipación. Sin embargo, el destino, será de seguro uno de dos lugares: el cielo o el infierno. Necesitas hacer tus planes ahora.

Si deseas que el cielo sea tu destino, haz tu reservación poniendo tu fe en el Señor Jesucristo. Él escribirá tu nombre en el libro de la vida del Cordero. Ser negligente al respecto te reserva automáticamente un lugar en el infierno.

El infierno es un lugar de tormento, día y noche, para toda la eternidad.

Es allí a dónde quieres ir verdaderamente?

Haz tu reservación ahora, porque no tienes control sobre el día de tu partida.

Podría ser repentina o prolongada, cualquier día, a cualquier hora o edad.

Podría ser en medio de la abundancia o en medio de la necesidad.

La única cosa cierta es el hecho de tu partida. Has pensado en cuanto a tu destino? Hacer tu reservación ahora te asegura que tu mansión estará lista cuando llegues.

Serás recibido en las puertas de perla y calles de oro.

Allí no hallaras enfermedades, lágrimas, pobreza o muerte.

Allí no habrá necesidad de luz; porque la gloria de Cristo alumbra.

Nunca tendrás que irte; tu estadía es para toda la eternidad.

Clama a Jesús hoy; no tienes asegurado el mañana.

Él no quiere que perezcas, pero no esperará indefinidamente.

No necesitas pasar por una recepcionista.

Él toma todas las llamadas personalmente: no hay maquinas contestadoras, no hay que esperar o llamar de nuevo.

Esta es tu oportunidad, no la pierdas.

Si no saldrías de viaje sin una reservación, Por qué enfrentarías la eternidad sin hacer una?

No demores en hacer esta reservación tan importante. El tiempo se está acabando.

Hazla ahora y disfruta de la paz mental que viene con saberlo.

La mía ya está hecha; te veo allá!

Pearl Nsiah-Kumi

Diario de sus pensamientos

_____

_____

_____

_____

_____

_____

_____

_____

_____

_____

_____

_____

_____

_____

El Tiempo Se Esta Acabando

CAPITULO 10
Reservación sin Fecha de Salida

Todos los moteles y hoteles parecen tener la misma regla en cuanto a las reservaciones y la hora de salida. Tú necesitas dejarles saber con anticipación que deseas hospedarte en su edificio, y también cuánto durará tu estadía. Todos te agregan el costo de un día más si no has salido al medio día de la fecha de salida. Podrías presentarte sin una reservación, y si el lugar no está lleno podrías rentar un cuarto. Sin embargo, si está lleno a toda su capacidad, tu mala suerte! Inténtalo en otro lugar.

Existe otro lugar con reglas ligeramente diferentes. Para ir a ese lugar definitivamente tienes que hacer una reservación; no puedes presentarte simplemente. Si lo haces así, no serás admitido—no porque no haya espacio, sino porque no has dejado saber cuáles son tus deseos con anticipación. Si cada persona de la tierra hiciera una reservación en ese lugar, habría suficiente lugar para acomodarlos a todos, así que disponibilidad de espacio no es el problema. El asunto es hacer tu reservación de una manera oportuna!

Con esta reservación nunca tienes que salir! Tu lugar no se necesita para acomodar a alguien más; tu estadía es por toda la eternidad. Al llegar, no se te pedirá que des tu tarjeta de crédito o la información con la que pagarás, y nunca te harán un cobro. Querido amigo se trata del cielo; Jesús ya pago el precio. A él le costó su vida, para que a ti no te cueste nada; es gratis!

Haz tu reservación de esta manera: cree en el nombre de Jesús y confiésale tus pecados. Él te perdonará y escribirá tu nombre en el Libro de la Vida. El día que llegues, solamente di, "Jesús lo pagó todo y estoy perdonado," o "Vine a ver a Jesús." Siempre que tu reservación haya sido hecha con anticipación, estás listo; talvez ni siquiera tengas que decir nada. Sencillamente serás llevado ante Su presencia. Amén!

Si eres rechazado por no planear con anticipación, solo queda otro lugar disponible para ti, y estoy ciento por ciento segura que no te gustaría estar allí. Haz tu reservación hoy! El tiempo se está acabando!

Pearl Nsiah-Kumi

Diario de sus pensamientos

El Tiempo Se Esta Acabando

_____

_____

_____

_____

_____

_____

_____

_____

_____

_____

_____

_____

_____

_____

Sin Jesús, No hay Dios
Conoce a Jesús, Conoce a Dios

Tú crees en Dios.

Pero no crees en Jesucristo.

La Biblia dice que esa posición no es posible.

Porque nadie que niegue al Hijo tiene al Padre, Y todo aquel que reconozca al Hijo tiene al Padre también.

Talvez tengas dificultad aceptando a Jesús como el Hijo.

Pero concerniente a Jesús, Dios dice, "Este es mi Hijo amado."

Dios continua diciendo, "estoy muy complacido con él,"

Una vez más, Dios dijo, Jesús es Su Hijo amado: ¡Escúchenlo."

De hecho la Biblia dice que eres un mentiroso si niegas que Jesús es el Cristo.

Hay gente que va a la iglesia que dicen ser cristianos, Pero piensan que esta bien que otros nieguen a Jesús, siempre que crean en Dios.

Nadie puede tener a Dios sin Cristo.

Porque Dios a través de Cristo está reconciliando al mundo consigo mismo.

Sin Cristo, no hay reconciliación, no hay perdón.

Para el "cristiano" que piensa que Dios sin Cristo está bien, escudriña las Escrituras, regresa a lo básico; reevalúa lo que crees.

La Biblia está ciento por ciento correcta o ciento por ciento equivocada.

La Biblia dice que Jesús es el camino, la verdad y la vida Nadie llega al Padre sino a través de Él!

Conoce a Jesús, conoce al Padre. El tiempo se está acabando.

Pearl Nsiah-Kumi

Diario de sus pensamientos

El Tiempo Se Esta Acabando

_____

_____

_____

_____

_____

_____

_____

_____

_____

_____

_____

_____

_____

_____

CAPITULO 11
Te Guste o No

Hay algo refrescante y liberador en la VERDAD, porque no cambia. La verdad es innegociable; no es afectada por cómo la gente la vea, y no toma las posiciones de otros en consideración: se mantiene en pie por si misma. Si tomara las posiciones de otros en consideración, no habría verdad; cesaría de existir, y tristemente solo quedarían ideas conflictivas que llevarían al caos. Consecuentemente, no habría necesidad de agentes del orden público; Cada uno seria libre de vivir su propia verdad.

Que desastre seria eso.

Salmo 24:1 dice, "Del Señor es la tierra y todo cuanto hay en ella, el mundo y cuantos lo habitan." Va este hecho a cambiar solo porque alguien insiste que Dios no existe? Por su puesto que no! Si un niño le dice a sus padres, "ustedes no son mis padres," cambiaria eso el hecho de que en realidad ellos si son sus padres, y podrían presentar documentos que lo demuestran?

Si tu vives en el planeta tierra le perteneces a Dios, te corresponde escuchar lo que Él dice, Una cosa en la que Él quiere que nos enfoquemos es en nuestra relación con Él a través de Su Hijo Jesús. En referencia a Jesús, la Biblia dice, "a los que creen en su nombre (Jesús) les dio el derecho de ser hijos de Dios" (Juan 1:12b). Hasta que creas en Él, no eres Su hijo; eres Su creación.

Si no deseas ser hijo de Dios, entonces ya estás listo; no tienes que hacer nada. Por otro lado, si te gustaría ser hijo de Dios, necesitas creer en el nombre de Jesús. Estar en desacuerdo con este proceso es muy improductivo, porque hay consecuencias por la incredulidad, "El que cree en Él no es condenado, pero el que no cree ya está condenado por no haber creído en el nombre del Hijo unigénito de Dios" (Juan 3:18).

Dios es verdad; Él no cambia y no hace volver Sus palabras (Malaquías 3:6; Isaías 31:2b), así que los que tenemos que cambiar somos nosotros; nuestra manera de pensar tiene que alinearse con Su Palabra. Si Él dice que nuestra relación con Él solo puede ser restaurada por medio de la fe en Jesús, entonces esa es la única manera de restaurarla. Por favor no pierdas el tiempo dando vueltas, produciendo argumentos medio-bonitos, porque Su Palabra no cambiará nunca, te guste o no. El tiempo se está acabando; pon tu fe en Jesús para tu salvación hoy!

Diario de sus pensamientos

El Tiempo Se Esta Acabando

CAPITULO 12
La Verdad que Libera

Solamente imagínate esto, estás Mirando televisión una tarde y **conocerán la verdad.**

Un reportaje especial (una información **verdad,** Que aparece súbitamente) en la Pantalla se lee, "eres un esclavo!"

Y la verdad

Como te sentirías y como responderías?

Los hará libres

Lo más probable es que te sientas resentido, que estés en desacuerdo, o que digas que esto no se aplica a ti. El hecho es que esta afirmación es verdad si eres pecador. Eres pecador? La persona promedio admitirá que él o ella es pecador. Esto es fácil de admitir porque todos estamos en el mismo barco; todos somos pecadores, ninguno es mejor que el otro.

Ahora si has admitido ser pecador (aunque aún lo eres si rehúsas admitirlo), veamos qué es lo que Jesús dice respecto a ti. "todo el que peca es esclavo del pecado" (Juan 8:34). Ay, esto duele; nadie quiere ser esclavo en esta época.

No tienes que seguir en esclavitud; puedes ser libre hoy! Jesús dijo, "Si se mantienen fieles a mis enseñanzas, serán realmente mis discípulos; y conocerán la verdad, y la verdad los hará libres" (Juan 8:31-32), y de nuevo, "Así que si el Hijo los libera, serán ustedes verdaderamente libres" (Juan 8:36).

Jesús dice que Él es el camino, la verdad y la vida y que nadie viene al Padre (Dios) sino por Él (Jesús) Juan 14:6. Jesús te ama tanto que por Su muerte el pago el rescate para que fueras librado del pecado y su poder. Por lo tanto, si no quieres permanecer siendo esclavo, haz lo que yo hice. Cree en el nombre de Jesús, y pídele a Dios que perdone tus pecados a cuenta del sacrificio de Jesús; Él lo hará, y tu empezarás a gozar de libertad y paz. Por favor haz esto ahora; es así de importante! El tiempo se está acabando!

Diario de sus pensamientos

El Tiempo Se Esta Acabando

CAPITULO 13
Las Excusas que la Gente Da

Las excusas no siempre excusan a la persona de responsabilidades y consecuencias. Si un estudiante le dice a su maestro, "El perro se comió mi tarea," el maestro no necesariamente le va a dar al estudiante la calificación de aprobado como si hubiera entregado su tarea. De hecho, no puede y no debería. Si un oficial de policía da una remisión por una violación a las leyes de tránsito, él no la va a retirar solo porque el conductor dice, "no tengo dinero; perdí mi trabajo." Se espera que él pague la multa tenga trabajo o no lo tenga.

Aquí hay algunas de las excusas que la gente da para no creer en Jesús para el perdón de pecados:

"No hay Dios" –En respuesta a esa excusa, la Biblia dice, "Los cielos cuentan la gloria de Dios, el firmamento proclama la obra de sus manos" (Salmo 19:1). "Dice el necio en su corazón: 'no hay Dios'" (Salmo 14:1).

"Jesús no es Dios" –A esto la biblia dice, "En su bautismo, Dios dijo, "Este es mi Hijo amado; estoy muy complacido en Él" (Mateo 3:17). "En el principio ya existía el Verbo, y el Verbo estaba con Dios, y el Verbo era Dios" (Juan 1:1). "El Padre y yo somos uno" (Juan 10:30).

"Yo no soy malo" –En respuesta a esto la Biblia dice, "Desde el cielo el Señor contempla a los mortales, para ver si hay alguien que sea sensato y busque a Dios. Pero todos se han descarriado, a una se han corrompido. No hay nadie que haga lo bueno; ¡no hay uno solo!" (Juan 14:2-3).

"Los cristianos son hipócritas" –Como respuesta a esta excusa, la Biblia dice, "La persona que peque morirá" (Ezequiel 18:4a). Puede ser que los cristianos no lo estén haciendo todo bien, aun así, Dios te hará responsable de tus pecados. Los errores y fracasos de los cristianos no te libran del anzuelo.

"No existe la vida después de la muerte" –Como respuesta a esta excusa, la Biblia dice, "Este lago de fuego es la muerte segunda. Aquel cuyo nombre no estaba escrito en el libro de la vida era arrojado al lago de fuego" (Apocalipsis 20:14b-15).

"Jesús no es el único camino a Dios" –Para responder a esta excusa, la Biblia deja bien claro, "De hecho, en ningún otro hay salvación, porque no hay bajo el cielo otro nombre dado a los hombres mediante el cual podamos ser salvos" (Hechos 4:12). "Yo soy el camino, la verdad y la vida—le contestó Jesús—nadie llega al Padre sino por mi" (Juan 14:6).

"Yo no creo que la Biblia es la Palabra de Dios" Como respuesta a esta excusa, la Biblia dice, "Toda la Escritura es inspirada por Dios y útil para enseñar, para reprender, para corregir y para instruir en justicia" (2 Timoteo 3:16).

Estoy segura de que hay más excusas por allí, pero no importa cuales sean, nadie será excusado por no creer en Jesús, porque la Biblia dice claramente "Porque la paga del pecado es muerte, mientras que la dadiva de Dios es vida eterna en Cristo Jesús, nuestro Señor" (Romanos 6:23). Dios no tiene preferidos. Ven a Él hoy, y se salvo! El tiempo se está acabando.

Diario de sus pensamientos

El Tiempo Se Esta Acabando

QUIEN TIENE MAS CREDIBILIDAD

Si alguna vez has estado en un aeroplano, las siguientes instrucciones te sonaran conocidas "quédese en su lugar, ajústese el cinturón." "mantenga el respaldo de su silla en la posición recta." "Asegúrese de levantar su bandeja." "Ponga su equipaje de mano bajo la silla de enfrente." "Nosotros le haremos saber cuándo sea seguro levantarse de su silla."

Solo en caso de que nunca hayas estado en un aeroplano, estas son las instrucciones previas a despegar y previas a aterrizar. Los pasajeros siguen estas instrucciones, usualmente, sin hacer preguntas ni dar problemas. La última vez que estuve en un aeroplano, la obediencia me sorprendió. Me pregunte, por qué?

Encontré tres razones, Primero, los pasajeros creen en el piloto y su tripulación. Segundo, todos quieren tener un vuelo seguro. Tercero, nadie quiere que los otros pasajeros le griten. Esta es mi analogía: Dios el Creador dice, "Todos pecaron," pero muy pocos lo creen. "La paga del pecado es muerte," y la gente se hace la sorda. La gente dice "Dios es demasiado bueno para mandar a alguien al infierno," Él dice, "Yo he venido para que tengan vida y una vida mas abundante."

Pero la gente rehúsa su oferta de seguridad y salvación.

Lo que Él dice tiene más credibilidad que cualquier cosa que puedas oír en cualquier lugar. Como has estado tratando la Palabra de Dios? La has estado tomando a la ligera? Recuerda, Su Palabra es verdad; cree en ella y obedécela. Él sabe lo que trae tu futuro, ya sea el cielo o el infierno. Si no has puesto tu fe en Su

Hijo Jesucristo, no estás salvo Estas dirigiéndote a la destrucción eterna.

Si puedes confiar en hombres pecadores, no deberías confiar más en Dios? Cree en el nombre del Señor Jesús, y serás salvo. El tiempo se está acabando.

Diario de sus pensamientos

El Tiempo Se Esta Acabando

CAPITULO 14
Por Favor Confirma

Has recibido alguna vez una invitación para un evento, digamos a una boda o una fiesta? Estoy segura que la invitacion vino con una petición de confirmar por favor. Que es lo que esto significa?

Peticiones de por favor confirme le sirven al anfitrión o anfitriona para que no se le termine la comida o las cosas que necesita en su celebración. A los invitados que planean asistir a un evento usualmente se les pide que dejen saber sus intenciones llamando a un número de teléfono o mandando por correo una postal que se les provee con ese propósito.

Todos, incluyéndote a ti, han sido invitados a la cena de las bodas del Cordero, Jesucristo (Apocalipsis 19:9) A este evento, como todos los eventos sociales bien planeados, hay que responder. La invitación para esta cena de bodas dice así: "Porque tanto amó Dios al mundo, que dio a su Hijo unigénito, para que todo el que cree en él no se pierda, sino que tenga vida eterna" (Juan 3:16).

Existen tres respuestas para esta invitación, y cada una de ellas tiene implicaciones eternas.

Tu podrías responder, "No estoy interesado. No lo creo. Estoy bien." Con base en el vocabulario de la invitación has elegido perderte.

Podrías responder, "Si, asistiré. Primero me voy a hacer cargo de X, Y, Z." Si aplazas por un tiempo suficientemente largo la oportunidad se perderá, poniéndote en la categoría de "no estoy interesado."

O podrías responder, "Si, quiero asistir a la cena; estoy respondiendo ahora mismo, porque hoy es el día de salvación!" Podrías orar, "Querido Dios, muchas gracias por el regalo de tu Hijo querido, Jesucristo quien pagó el castigo por mis pecados. Ahora yo lo acepto como mi Señor y Salvador en el nombre de Jesús, Amen."

Si respondes "Si" tu respuesta será recibida inmediatamente en el cielo, y tu nombre será inscrito en el libro de la vida del Cordero. El día de la cena serás recibido en el salón del banquete para disfrutar la buena comida y la comunión con el Cordero (el Novio) y la novia (la iglesia de la cual eres parte).

Date cuenta que nadie puede presentarse con la excusa de "quise confirmar, pero lo olvide o estaba muy ocupado para responder." La respuesta del novio para la gente con excusas será, "No, no los conozco" (Mateo 25:12).

También es importante darse cuenta que cada individuo tiene que confirmar por sí mismo. Esta es una invitación para todos, pero individualmente, y por lo tanto, no se aceptan respuestas en grupo; cada individuo tiene que responder por sí mismo. Él dice claramente, "Todo el que quiera puede venir."

Así que querido lector, como vas a responder a esta invitación? Yo espero que digas "Si," y por favor dilo ahora antes que sea demasiado tarde. Dios te ama, pero Él no te va a obligar a aceptar esta invitación tan importante. Quienquiera que sea que tu conozcas (padres, hermanos, amigos o cónyuge) que acepte esta invitación no te puede incluir en su confirmación. Confirma por ti mismo hoy! El tiempo se está acabando.

Pearl Nsiah-Kumi

Diario de sus pensamientos

El Tiempo Se Esta Acabando

QUIENES SON LOS HIJOS DE DIOS

Haber sido creado por Dios no lo hace a uno hijo de Dios. Así que no supongas erróneamente que eres hijo de Dios hasta que hayas creído en el nombre de Jesús.

"El que era la luz ya estaba en el mundo, y el mundo fue creado por medio de él, pero el mundo no lo reconoció. Vino a lo que era suyo, pero los suyos no lo recibieron. Más a cuantos lo recibieron, a los que creen en su nombre, les dio el derecho de ser hijos de Dios. Estos no nacen de la sangre, ni por deseos naturales, ni por voluntad humana, sino que nacen de Dios" (Juan 1:10-13).

"Todos ustedes son hijos de Dios mediante la fe en Cristo Jesús" (Gálatas 3:26).

La fe en Jesucristo garantiza la vida eterna con Dios en el cielo.

"Les escribo estas cosas a ustedes que creen en el nombre del Hijo de Dios, para que sepan que tienen vida eterna" (1 Juan 5:13).

Evidencia de que eres un hijo de Dios Él te ha dado Su Espíritu, "Ustedes ya son hijos, Dios ha enviado a nuestros corazones el Espíritu de su Hijo," (Gálatas 4:6a). "El Espíritu mismo le asegura a nuestro espíritu que somos hijos de Dios" (Romanos 8:16).

Ventajas de ser un hijo de Dios: (No todas están incluidas)

Puedes decirle con todo derecho "Abba Padre" (Gálatas 4:6b).

Eres un heredero (Gálatas 4:7b).

"Y si somos hijos, somos herederos; herederos de Dios y coherederos con Cristo" (Romanos 8:17a).

Ahora eres parte del cuerpo/iglesia de Cristo (Efesios 5:30; Hechos 2:47).

Tienes vida eterna: "Ciertamente les aseguro que el que oye mi palabra y cree al que me envió, tiene vida eterna y no será juzgado, sino que ha pasado de la muerte a la vida" (Juan 5:24).

"Pero si alguno peca, tenemos ante el Padre a un intercesor, a Jesucristo, el Justo" (1 Juan 2:1b).

Pearl Nsiah-Kumi

Diario de sus pensamientos

El Tiempo Se Esta Acabando

_____

_____

_____

_____

_____

_____

_____

_____

_____

_____

_____

_____

_____

_____

DESPUES DE TODO, ESTABAN CORRECTOS

Los cristianos dijeron Jesús es el Hijo de Dios; Yo no les creí.

También dijeron que Él no pecó; Yo no quise oír al respecto.

Ellos creían fuertemente que todos son pecadores; Yo solía pensar "No soy tan malo."

Ellos creían que solo Él puede perdonar pecados; Yo no podía creer eso.

"Él va a venir de nuevo" decían ellos; "Para llevar a los creyentes al cielo"

A los incrédulos, decían ellos, los dejará aquí para sufrir; Yo pensé "Esta es la cosa mas loca que he oído" que tonto fui.

Así que, desperté esta mañana.

Fue una mañana muy especial; La gente, de hecho, había desaparecido, Sin aviso, ni explicación, por lo menos así parecía.

Verdaderamente nos han dejado atrás.

Después de todo, estaban correctos.

Ahora es demasiado tarde.

Después de todo estaban correctos.

Oh, como desearía haberles creído!

Amigo no dejes que esta sea tu situación, Jesús viene pronto, cualquier día, a cualquier hora clama a Él para perdón mientras aun hay tiempo, porque el tiempo se está acabando.

Pearl Nsiah-Kumi

Diario de sus pensamientos

El Tiempo Se Esta Acabando

_____

_____

_____

_____

_____

_____

_____

_____

_____

_____

_____

_____

_____

Pearl Nsiah-Kumi

NO TOMES TU EXISTENCIA POR SENTADA

Si estás leyendo esto, significa que estas vivo! Por qué piensas que estas vivo? Probablemente piensas que es porque tienes muy buen cuidado de ti mismo (haces ejercicios, comes bien, vas al doctor frecuentemente), sigues los consejos de tu doctor la mayor parte de las veces, o porque eres tan buena persona.

Todas esas razones suenan bien, pero la verdadera razón es que Dios te ama, y te está dando tiempo para arrepentirte. Cuando mueras, Él quiere que Sus ángeles puedan darte la bienvenida a Su presencia donde puedas vivir con Él para siempre. Pero si mueres antes de tener la oportunidad de conocerlo de una manera personal, Él no puede dejarte entrar al cielo; porque Él es santo y nada no-santo puede llegar delante de Su presencia.

A estas alturas deberías estar haciéndote unas cuantas preguntas tales como, "Soy no-santo?" "como puedo llegar a ser santo?" Las respuestas a estas preguntas solo se pueden encontrar en la Biblia. La Biblia dice, "Pues todos han pecado (incluyéndote a ti) y están privados de la gloria de Dios" (Romanos 3:23). También dice, "De veras te aseguro que quien no nazca de nuevo no puede ver el reino de Dios—dijo Jesús" (Juan 3:3). Como puedes ver, eres pecador, y en tu estado de pecador no puedes ganar la entrada al reino de Dios. La siguiente pregunta debería ser que puedo hacer o cómo puedo llegar a ser santo?

La Biblia dice, "Porque tanto amó Dios al mundo, que dio a Su Hijo unigénito, para que todo aquel que cree en él no se pierda, sino que tenga vida eterna" (Juan

3:16). El Hijo de Dios es Jesucristo. El murió para pagar el castigo que nosotros no podemos pagar; a través de Su muerte Dios perdona a todos los que creen en Jesús. Así que amigo, esto es lo que necesitas hacer: Cree en el nombre de Jesús, pídele que Perdone tus pecados, y sea tu Amo y Señor.

Si oras esto sinceramente, Él te perdonará, te limpiará de tu pecado y habitará dentro de ti a través de Su Espíritu. Esta es una decisión urgente, porque no te va a esperar para siempre, y nadie puede tomar la decisión por ti. Así que, mientras estas vivo y entiendes lo que acabas de leer, arregla este asunto ahora. Además, queda advertido que aunque Dios es lento para la ira, y grande en amor y fidelidad (Éxodo 34:6b), Él de ninguna manera deja a nadie sin castigo (Nahúm 1:3b). Hasta que tomes esta decisión, Dios te considera culpable, merecedor de ser castigado. No esperes más; el tiempo se está acabando.

Diario de sus pensamientos

El Tiempo Se Esta Acabando

CAPITULO 15
Cuantos Hijos Quiere Dios?

Muy a menudo, las parejas deciden al principio de su matrimonio cuantos hijos les gustaría tener, y una vez que tienen ese número, paran. Existen muchas razones para poner un límite, pero la más común es asequibilidad. La República Popular de China, por ejemplo, tiene una política que solo permite un hijo a cada pareja como un medio de control de la población; por supuesto, siempre hay algunas excepciones a la regla. Esta política se estableció en 1979 como un medio de aliviar los problemas sociales, económicos y ambientales del país.

Sin embargo Dios, no tiene tales políticas de limites; Él aún está adoptando a todo el que viene a Él a través de Jesucristo!

Ya has sido adoptado a la familia de Dios? Sabes? Aún hay lugar para ti; Dios te ama mucho! Él está esperando ansiosamente para adoptarte; Sus recursos para proveer para ti son inagotables. Él nunca pensará de ti como un error, o como el hijo que desearía nunca haber tenido. Dios te ama verdaderamente y quiere hacerte parte de Su familia.

Te gustaría ser adoptado por un Padre que tiene planes perfectos para ti (Jeremías 29:11)? Que tal un Padre que te ama tanto como ama a todos Sus otros hijos y que nunca considerará a ninguno de ellos como mejor que tú? Él se da cuenta de tu singularidad, porque Él te creo así con un propósito. Él está esperando poder poner sus brazos cálidos y amorosos a tu alrededor. Todo lo que necesitas hacer es clamar en Su nombre (hechos 2:21).

Dios ya se ha hecho cargo de tu pecado, que es el único obstáculo que se interpone para la relación entre Él y tú Y como hizo eso Él? Él envió a su Hijo unigénito, para que todo aquel que crea en Él no se pierda sino que tenga vida eterna (Juan 3:16). La Biblia dice, "que si confiesas con tu boca que Jesús es Él Señor, y crees en tu corazón que Dios lo levantó de entre los muertos, serás salvo. Porque con el corazón se cree para ser justificado, pero con la boca se confiesa para ser salvo" (Romanos 10:9-10).

El tiempo se está acabando!

Pearl Nsiah-Kumi

Diario de sus pensamientos

_____

_____

_____

_____

_____

_____

_____

_____

_____

_____

_____

_____

_____

_____

El Tiempo Se Esta Acabando

ERES ATEO?

El diccionario Webster en Ingles define ateo como alguien que no cree en la existencia de Dios. Existen muchos que dicen ser ateos y están en su derecho. Decir que se es ateo es una cuestión de elección; en otras palabras, los ateos eligen creer que no hay Dios. Es su elección basados en estudios, investigación, experiencia o rumor.

La Biblia deja en claro que, "En el principio Dios creo los cielos y la tierra" (Génesis 1:1). Si dices ser ateo, quien crees que creo el mundo? Alguna vez te has preguntado al respecto? Tal vez te adhieres a la idea que toda la vida evolucionó y no fue creada. Si fue así, de donde evoluciono el átomo? No importa como respondas esta pregunta, todos los hombres (incluyéndote a ti) un día tendrán que responderle a Dios el Creador.

La Biblia dice que lo que puede conocerse de Dios es claro para todos, incluyéndote a ti, porque Dios los hizo así. "Lo que se puede conocer acerca de Dios es evidente para ellos, pues él mismo se lo ha revelado. Porque desde la creación del mundo las cualidades invisibles de Dios, es decir, su eterno poder y su naturaleza divina, se perciben claramente a través de lo que él creó, de modo que nadie tiene excusa" (Romanos 1:19-20).

Se honesto contigo mismo: No es cierto que de vez en cuando cuestionas tu posición como ateo? No te maravillas algunas veces de la complejidad de la vida, incluyendo la anatomía humana, las estrellas, el sol, la luna, y las estaciones del año? No te dices a ti mismo algunas veces, "tiene que haber algún poder detrás de todo esto?" Ese poder es Dios! Nadie va a ser excusado por decir que no hay Dios. Todos tendrán que responder a Dios ya sea que hayan creído en Su existencia o no.

Además, la Biblia dice que las leyes de Dios están escritas en nuestros corazones, y que nuestras conciencias testifican sobre ese hecho (Romanos 2:15). Estas ignorando a tu conciencia? Que estas esperando lograr con ignorarla? Será posible que estés esperando salvarte de tu responsabilidad basado en la ignorancia? Bueno, pero como sabes; ahora ya te lo dije, así que no puedes decir, "oh, yo no sabía." No se gana nada con rehusarse a reconocer la existencia de Dios; Él te hará responsable de tus pecados de todos modos.

Dios te ama mucho; él envió a Su Hijo a morir en tu lugar por tus pecados (Juan 3:16). Rehusarse a creer en él es una indicación de que le das la espalda a Su amor y perdón. Dios no puede hacer nada más por ninguno que lo que ya hizo por medio de Su Hijo. Como consecuencia, tendrás que pagar por tus propios pecados en el infierno. Es eso lo que quieres?

Si saber sobre las consecuencias de tu incredulidad no te ayuda a cambiar tu opinión sobre Su existencia, entonces escucha lo que la Biblia dice sobre tu condición. "Dice el necio en su corazón: "No hay Dios" (Salmo 14:1 a; Isaías 53:1 a).

Como puedes ver solo un necio ignora las advertencias. Si te encontraras con un rotulo en el camino que dijera, "precaución, hundimiento adelante," o "Puente Caído" continuarías viajando por ese camino, o harías una vuelta en "U" y volverías a un lugar seguro? Me gustaría pensar que darías la vuelta.

Recuerda, Dios te ama, pero no te obligará a reconocerlo. Yo quiero animarte a responder a Su amor creyendo en Su Hijo Jesús y pidiéndole Su perdón, para que puedas escapar el castigo. El tiempo se está acabando; hazlo hoy!

SECCION DOS—BEINVENIDO A LA FAMILIA DE DIOS

Querido lector,

Si lo que has leído hasta ahora te ha llevado a poner tu fe en Jesucristo, te digo bienvenido a la familia de Dios. Me gustaría dirigirte a ciertos pasajes bíblicos que te aseguran de tu perdón y tu posición en Cristo, como hijo o hija, y también tratan con el asunto de, "ahora a dónde voy?" Que Dios te bendiga mientras procuras caminar como Jesús caminó!

Seguridad de la salvación—La primera epístola de Juan dice lo siguiente a todos lo que creen en el nombre de Jesús: "Les escribo a ustedes queridos hijos, porque sus pecados han sido perdonados por el nombre de Cristo" (1 Juan 2:12). También, "Les escribo estas cosas a ustedes que creen en el nombre del Hijo de Dios, para que sepan que tienen vida eterna" (1 Juan 5:13). "El que tiene al Hijo, tiene la vida" (1 Juan 5:12 a). "Pues estoy convencido de que ni la muerte ni la vida, ni los ángeles ni los demonios, ni lo presente ni lo por venir, ni los poderes, ni lo alto ni lo profundo ni cosa alguna en toda la creación, podrá apartarnos del amor que Dios nos ha manifestado en Cristo Jesús nuestro Señor" (Romanos 8:38-39).

Tu posición en Cristo—"El Espíritu mismo le asegura a nuestro espíritu que somos hijos de Dios. Y si somos hijos, somos herederos; herederos de Dios y coherederos con Cristo, pues si ahora sufrimos con él, también tendremos parte con él en su gloria" (Romanos 8:16-17). "Fíjense que gran amor nos ha dado el Padre, que se nos llame hijos de Dios! Y lo somos! (1 Juan 3:1 a).

Pecados futuros—Solo por aquello que te estés preguntando qué pasará si pecas, aquí está tu respuesta: "Pero si alguno peca, tenemos ante el

Padre a un intercesor, a Jesucristo el Justo" (1 Juan 2:1 b).

Tu meta como creyente debe ser—Crecer en la fe y ser conformado a la imagen de Jesucristo (Romanos 8:29).

Como crecemos?—Crecemos alimentándonos de la Palabra de Dios, la Biblia; "Deseen con ansias la leche pura de la palabra, como niños recién nacidos Así por medio de ella, crecerán en su salvación" (1 Pedro 2:2). Desear con ansias es tener hambre. Así que conscientemente lee y estudia la Palabra de Dios, y permítele al Espíritu Santo que te de entendimiento. Hay buenos maestros bíblicos en la radio, óyelos cada vez que puedas.

Como somos conformados?—El ser conformados que nosotros buscamos debe ser a la imagen de Cristo y no a la imagen del mundo. Al leer y estudiar Su Palabra nuestras mentes son gradualmente renovadas hasta que comenzamos a ver las cosas como Dios las ve, y reaccionamos como lo haría Jesús. Además se vuelve natural en nosotros pensar como Cristo. Después de todo somos sus hermanos y hermanas, y deberíamos tener Su imagen que es la imagen del Padre. "No se amolden al mundo actual, sino sean transformados mediante la renovación de su mente" (Romanos 12:2 a).

Comunícate con Dios por medio de la oración— Nuestro Padre se comunica con nosotros a través de Su Palabra; nosotros nos comunicamos con Él a través de la oración. Esto es muy importante. Pasarías todo el día sin comunicarte con tu familia y amigos? Piénsalo; aun si solo es para decir "Hola, te amo." El Señor se complace en la oración de los justos" (Proverbios 15:8); "No se inquieten por nada; más bien, en toda ocasión, con oración y ruego, presenten sus peticiones a Dios y denle gracias. Y la paz de Dios que sobrepasa todo entendimiento, cuidará sus corazones y sus pensamientos en Cristo Jesús" (Filipenses 4:6-7).

Ten comunión con gente de la misma fe—Comunión con otros creyentes ayuda a crecer. Ora para que el Señor te guie a una iglesia que crea en la Biblia, donde puedas oír su Palabra explicada, y también puedas ser animado. "No dejemos de congregarnos, como acostumbran hacerlo algunos, sino animémonos unos a otros, y con mayor razón ahora que vemos que aquel día se acerca" Hebreos 10:25).

CAPITULO 16
Dependencia de Dios

Quienes son las personas más indefensas, las mas dependientes y más vulnerables en nuestra sociedad?

La respuesta es, LOS BEBES y LOS NIÑOS PEQUEÑOS ¡

Ellos no saben hacer nada por si mismos; en pocas palabras, ellos no se pueden valer por sí mismos de ninguna manera. No pueden hacer compras, cocinar, alimentarse, bañarse, protegerse, o tomar decisiones. Su supervivencia está basada en una dependencia total de otros; está a la merced de otros, de una manera continua.

Al contrario de los niños, a nosotros los adultos nos gusta depender de nosotros mismos y en los sistemas del mundo, en lugar de depender de Dios. Amamos estar en control y poder decir que logramos esto y aquello. Nos gusta probarnos a nosotros mismos que podemos, y luego poder decir que lo hicimos. Para algunos, dependencia en Dios es una señal de debilidad, pero es eso lo que es? Por esta razón, a muchos no les gusta admitir que necesitan salvación.

Jesús sabia de lo que estaba hablando cuando le dijo a los discípulos, "Les aseguro que a menos que ustedes cambien y se vuelvan como niños, no entrarán en el reino de los cielos" (Mateo 18:3). Esta es una invitación a tener fe como la de un niño. Necesitamos depender de Dios y expresarlo!

Si, Dios nos ha dado habilidades que debemos nutrir y usar, pero ultimadamente, la habilidad para triunfar viene de Él. El apóstol Pablo nos dice, "Todo lo puedo en Cristo que me fortalece" (Filipenses 4:13). Así que aunque Dios nos ha dado toda clase de cosas como salud, educación, riquezas, habilidades, familia y amigos, todavía necesitamos depender de Él para recibir la fuerza para continuar.

Necesitamos expresar dependencia de Dios para todo; aun de cosas que pensamos que somos capaces de hacer con los ojos cerrados y las manos atadas, porque nunca podemos ver el cuadro completo desde el principio. Las situaciones tienen maneras de cambiar, rápidamente y sin avisar. Jesús mismo dijo, "El que permanece en mí, como yo en él, dará mucho fruto; separados de mí no pueden ustedes hacer nada" (Juan 15:5 b). Por lo tanto volvamos a ser como niños en lo que se refiere a dependencia; seamos dependientes en lugar de independientes. Clamemos a Él día y noche acerca de todo, y luego recordemos de agradecerle y darle la gloria.

El Tiempo Se Esta Acabando

Diario de sus pensamientos

CAPITULO 17
No te Conformes con el Estatus Quo

Tanto para los cristianos como para los no-cristianos, el estatus quo es muy cómodo, aun cuando sea doloroso, deprimente y miserable. La razón se explica de la mejor manera con este adagio: "Más vale viejo conocido, que nuevo por conocer."

En otras palabras, la gente odia cambiar, especialmente cuando no saben con anticipación como resultará el cambio. En nuestro estatus quo miserable, por lo menos no tenemos que adivinar nada; ya sabemos con qué estamos tratando. El cambio puede ser tenebroso!

El no-cristiano se resiste a la idea de volverse cristiano por la noción equivocada que la vida cristiana es aburrida con muchos "No hagas esto y haz lo otro." Prefiere mantener esa existencia dolorosa y miserable a la que llama divertida. La verdad es que no hay nada de aburrido en el cristianismo! Es diversión al más alto grado. Jesús libera a una persona del pecado y pone en ella el deseo de vivir una vida decente y significativa. Nunca existe el sentimiento de pérdida o decepción. Ningún cristiano en ninguna parte del mundo ha mirado hacia atrás y deseado seguir siendo no-cristiano. Si ha deseado algo es que su conversión hubiera sucedido antes.

El estatus quo del cristiano es cuando en lugar de desear ser más como Jesús, está vacilante por miedo de la podada que se requiere para ser como Él. Nadie puede con un chasquido de los dedos volverse como Jesús instantáneamente; es un proceso gradual, doloroso que toma trabajo y esfuerzo diseñado por el Espíritu Santo.

Cuando se está atorado en ese estado de temor a la podada, el crecimiento espiritual se atrofia, y uno no se crece en santidad como es la intención de Dios. Él dijo, "santifíquense y manténganse santos, porque yo soy santo" (Levítico 11:44), y esto toma tiempo y trabajo en la escuela de obediencia de Dios. Deberíamos temer al podado de Dios? No, porque Él da la gracia y la intención del proceso es consumir nuestra escoria y refinar nuestro oro. Así que no nos conformemos con el estatus quo; en lugar de eso, añoremos el cambio, pidamos a Dios que trabaje en nosotros para Su gloria. Santiago nos advierte de esta manera, "Hermanos míos, considérense muy dichosos cuando tengan que enfrentarse con diversas pruebas, pues ya saben que la prueba de su fe produce constancia. Y la constancia debe llevar a feliz término la obra para que sean perfectos e íntegros, sin que les falte nada" (Santiago 1:2-4).

Por lo tanto, el estatus quo no siempre es bueno. Necesitamos esforzarnos cada día para ser más como Cristo, y ese es nuestro deber.

El Tiempo Se Esta Acabando

Diario de sus pensamientos

_____
_____
_____
_____
_____
_____
_____
_____
_____
_____
_____
_____

Pearl Nsiah-Kumi

CAPITULO 18
El Derecho al Árbol de la Vida

En medio del jardín del Edén, Dios plantó dos árboles específicos que tenían nombres: el Árbol de la Vida y el Árbol del Conocimiento del Bien y del Mal (Génesis 2:9 b). El tomo al hombre, a Adán y lo puso en el jardín para que lo administrara. Él le indicó a Adán "Puedes comer de todos los árboles del jardín; pero del árbol del conocimiento del bien y del mal no deberás comer. El día que de el comas ciertamente morirás" (Génesis 2:16 b-17).

Tristemente, Satanás engaño a la primera pareja para desobedecer a Dios haciendo exactamente lo que se le había dicho a Adán que no hiciera; ellos comieron del fruto del árbol del conocimiento del bien y del mal (Génesis 3:1-6). Siendo un Dios fiel, el no dio marcha atrás con Su Palabra, así que el hombre murió espiritualmente ese día, y también comenzó su trayecto en el camino de la muerte física! Por lo tanto el pecado y sus consecuencias de dolor, angustia, esfuerzo, sudor, problemas con las relaciones, y muerte (Génesis 3:16-19) han pasado a cada persona desde entonces.

Dios sacó a la pareja del jardín para evitar que comieran del Árbol de la Vida, porque sería trágico vivir para siempre en su estado pecaminoso. "Y dijo: El ser humano ha llegado a ser como uno de nosotros, pues tiene conocimiento del bien y del mal. No vaya a ser que extienda su mano y también tome del árbol de la vida, y lo coma y viva para siempre" (Génesis 3:22).

Dios no se alejó del desorden que el hombre había hecho. En lugar de hacer eso, "Porque tanto amó Dios al mundo, que dio a Su Hijo unigénito, para que todo el que cree en él no se pierda, sino que tenga vida eterna" (Juan 3:16). Como resultado del sacrifico de Cristo, nuestra comunión con Dios ha sido restablecida.

Así que teniendo nuestros pecados perdonados, y nuestra relación con Dios restablecida, Jesús declara, "Dichosos los que lavan sus ropas para tener derecho al árbol de la vida y para poder entrar por las puertas de la ciudad" (Apocalipsis 22:14). Ahora podemos regocijarnos de que ya no existe ninguna maldición, y que nuestro derecho al árbol de la vida ha sido restaurado (Apocalipsis 22:1-3 a). Aleluya! Tocarlo o comer de el será seguro.

El Tiempo Se Esta Acabando

Diario de sus pensamientos

_____

_____

_____

_____

_____

_____

_____

_____

_____

_____

_____

_____

Pearl Nsiah-Kumi

SOBRE LA AUTORA

Aún recuerdo el día que me hice cristiana! Han sido más de cincuenta años, pero cada vez que miro atrás, me siento llena de gratitud hacia Dios y hacia la persona que Él usó para alcanzarme. Como fue que me hice cristiana? Alguien compartió conmigo el amor de Dios, y yo respondí poniendo mi fe en Jesucristo, y déjame decirte que el amor de Dios es maravilloso! La fe en Jesús me ha dado seguridad del perdón de mis pecados y seguridad de la vida eterna en el cielo después de la muerte. También me ha dado paz en esta vida y una mejor comprensión de la era en la que vivimos. Ahora vivo esperando el regreso de Jesús en cualquier día, al vivir mi vida diariamente. Por medio de este libro, te invito a poner tu fe en Jesús, y a comenzar a vivir verdaderamente, con seguridad. Quien sabe, tal vez algún día seamos vecinos en el cielo, con tu mansión al lado de la mía! Toma esa decisión hoy, porque el tiempo se está acabando!

Pearl es una enfermera profesional retirada y codificadora médica; creció en Ghana, en África Occidental. Ella ha vivido en Maryland, en los Estados Unidos por cuarenta años. Tiene tres hijos adultos, un yerno, y cuatro nietos. Es Consejera Voluntaria en una clínica de embarazos local. Desea poder ver venir a poner su fe en el Señor Jesucristo, a tantos como sea posible.

RECONOCIMIENTOS

Un agradecimiento Especial:

A mi querido hermano, el Doctor George Harton, Presidente retirado del Washington Bible College, y de Capital Bible Seminary de Lanham Maryland por su amor, apoyo, oraciones, y por tomar su tiempo para editar mis escritos. Muchas gracias Doctor Harton!

A mi querida hermana, Elizabeth Boateng de Canadá, por su ánimo y sus oraciones.

(Contraportada)
EL TIEMPO SE ESTÁ ACABANDO

Aún recuerdo el día que me hice cristiana! Han sido más de cincuenta años, pero cada vez que miro hacia atrás, me siento llena de agradecimiento a Dios y a la persona que Él usó para alcanzarme. Como me hice cristiana? Alguien compartió conmigo el amor de Dios, y yo respondí poniendo mi fe en Jesucristo, y déjame decirte, que el amor de Dios es maravilloso! La fe en Jesús me ha dado seguridad del perdón de mis pecados y seguridad de la vida eterna en el cielo después de la muerte. También me ha dado paz en esta vida y una mejor comprensión de la era en la que vivimos. Ahora vivo esperando el regreso de Jesús en cualquier día, al vivir mi vida diariamente. Por medio de este libro, te invito a poner tu fe en Jesús, y a comenzar a vivir verdaderamente, con seguridad. Quien sabe, tal vez algún día seamos vecinos en el cielo, con tu mansión al lado de la mía! Toma esa decisión hoy, porque el tiempo se está acabando!

Acerca de la Autora

Pearl es una enfermera profesional retirada y codificadora medica; creció en Ghana, en África Occidental. Ella ha vivido en Maryland, en los Estados Unidos por cuarenta años. Tiene tres hijos adultos, un yerno, y cuatro nietos. Es Consejera Voluntaria en una clínica de embarazos local. Desea poder ver venir a poner su fe en el Señor Jesucristo, a tantos como sea posible.

El Tiempo Se Esta Acabando

www.ingramcontent.com/pod-product-compliance
Lightning Source LLC
Chambersburg PA
CBHW071521080526
44588CB00011B/1523